MANUEL POSTAL

ET

TÉLÉGRAPHIQUE

DE LA RÉUNION

CONCERNANT TOUS LES TARIFS EN VIGUEUR DANS LA COLONIE

ET

DANS LES RELATIONS AVEC L'EXTÉRIEUR

PAR

R. Le BRUN

Commis des Postes

SAINT-DENIS (Réunion)

IMPRIMERIE DU *Réveil*, rue du Barachois

A
MONSIEUR EDOUARD MANÈS

Gouverneur de la Réunion

Hommage respectueux de reconnaissance

LE BRUN.

Avant-Propos

En publiant ce modeste recueil, nous ne voulons qu'être agréable au commerce et au public qui fréquentent journellement la Poste. Chacun y trouvera les renseignements les plus utiles concernant les Réglements et tarifs en vigueur dans la Colonie, tant pour le service Intérieur que pour le service Extérieur ou International ; ces réglements et tarifs se rapportent aux lettres, aux échantillons, aux papiers d'affaires, aux imprimés. aux chargements, aux franchises et en général à tous les objets de correspondances qui rentrent dans le monopole de la Poste, et aux mandats d'articles d'argent.

Un chapitre spécial est réservé aux colis postaux ainsi qu'aux télégrammes viâ Aden et Zanzibar qui sont aujourd'hui transmis par les soins du service des postes et au télégraphe colonial qui s'y rattache.

Le Brun.

MANUEL
POSTAL ET TÉLÉGRAPHIQUE
DE LA REUNION

1. — Renseignements généraux.

La poste a le monopole du transport des lettres, feuilles à la main, ouvrages périodiques, paquets et papiers d'affaires du poids d'un kilogramme et au-dessous.

Sont exceptés de ce monopole :

1° Les lettres ou paquets qu'un particulier envoie à un autre particulier par un exprès ou un domestique.

2° Les registres, cartes et plans.

3° Les dossiers de procédure.

4° Les publications non périodiques, et en général, tout imprimé ne portant aucune écriture à la main, pouvant avoir un caractère de correspondance quelconque.

5° Lettres de voiture ou factures accompagnant les marchandises.

6° Les notes de commission pour la livraison des marchandises.

7° Les papiers relatifs à l'exploitation d'un entrepreneur de transport et circulant avec son matériel.

8° Les lettres de recommandation non cachetées.

Toute contravention portant atteinte au monopole de la Poste, est punie d'une amende de 20 francs à 100 francs (arrêté du 24 décembre 1860).

Le Chef de service est toujours autorisé à transiger, soit avant, soit après jugement sur toutes les contraventions.

La poste se charge aussi du transport :

1° Des titres et valeurs,

2° Des objets précieux de petite dimension.

3° Des échantillons, livres, gravures, lithographies en feuilles ou reliés.

4° Des fonds qu'elle transmet au moyen de mandats

d'articles d'argent que ses bureaux délivrent aux déposants et qui sont payables dans tous les bureaux de poste de la Colonie.

5° Des télégrammes via Aden et Zanzibar.

6° Des colis-postaux pour l'extérieur qu'elle expédie par l'intermédiaire des Messageries maritimes.

L'adresse des lettres ou de tout autre objet confié à la poste doit être écrite lisiblement.

Lorsqu'une lettre ou un objet de correspondance quelconque, ne doit pas être porté à domicile, mais rester au bureau jusqu'à ce que le destinataire vienne le retirer, l'expéditeur doit écrire au-dessous de l'adresse les mots : *Poste restante.*

Il est permis de se faire adresser des lettres sous des initiales ; dans ce cas, elles ne sont pas portées à domicile et sont mises à la poste restante quoique n'en portant pas la mention. Mais il est défendu de s'en faire adresser sous un nom supposé.

Si une lettre a été remise par erreur à une autre personne qu'à son destinataire ou à une personne portant le même nom que celui indiqué sur l'adresse, mais qui ne lui serait pas destinée, elle doit être rapportée au bureau qui l'a distribuée. Si la lettre a été décachetée, l'a personne qui l'a ouverte doit écrire au dos de l'enveloppe et signer une des mentions suivantes : « *ouverte par erreur* » si la lettre a été mal distribuée ; et : « *ouverte par conformité de nom* » si elle est destinée à une autre personne portant le même nom.

Lorsque l'expéditeur d'une lettre, qui a déjà été jetée à la boîte mais dont l'expédition n'a pas encore été faite, désire la retirer ou en rectifier l'adresse, elle peut lui être rendue, mais sur la présentation d'un *fac simile* de la suscription, si c'est pour une rectification ; s'il s'agit d'un retrait, la lettre doit être décachetée en présence du receveur qui constate, par la vérification de la signature qu'elle émane bien de celui qui veut la retirer.

Dans l'un et l'autre cas, le Receveur a toujours le droit d'exiger du réclamant :

1° Une déclaration écrite par laquelle, il certifie être l'auteur de la lettre.

2° L'engagement de demeurer responsable envers qui de droit, de tous les effets résultant du retard ou de la suppression de la lettre.

3° La présence de deux témoins domiciliés dans la circonscription du bureau et connus du receveur.

4° L'ouverture de la lettre devant ces témoins afin de s'assurer de l'identité de la signature — qui s'y trouve, avec celle du réclamant.

Les lettres, doivent être jetées, directement à la boîte par les expéditeurs, défense étant faite aux agents des postes de les recevoir à la main.

La loi défend d'insérer dans les lettres ordinaires, les billets de banque, bons, coupons de dividendes ou d'intérêts payables au porteur ; elle interdit, en outre, l'insertion dans les lettres chargées ou non chargées des matières d'or et d'argent, des bijoux ou autres objets précieux. En cas de contravention l'expéditeur est puni d'une amende de 50 à 500 francs (Loi du 4 juin 1859).

Les objets de correspondances et paquets confiés à la poste se divisent en 6 catégories ou parties ; savoir :

1° Correspondances ordinaires soumises à la taxe ou à l'affranchissement.

2° Franchises et contre-seings.

3° Chargements.

4° Mandats d'article d'argent.

5° Télégrammes.

6° Colis-postaux.

Première partie

Les objets de correspondances ordinaires soumis à l'affranchissement et expédiés par la voie de la poste sont :

1° Les lettres ordinaires.

2° Les cartes-lettres, cartes postales, bandes et enveloppes timbrées.

3° Les papiers d'affaires ou de commerce et les objets qui leur sont assimilés.

4° Les échantillons de marchandises.

5° Les journaux et autres publications périodiques.

6° Les imprimés de toute nature et les objets qui leur sont assimilés.

Et leurs taxes d'affranchissement se divisent en 2 classes : 1° Service intérieur, 2° Service extérieur ou international.

CPAPITRE I

2. — *Lettres ordinaires.*

Les lettres ordinaires sont affranchies, non affranchies ou insuffisamment affranchies.

Celles affranchies ou non affranchies, tant pour l'intérieur que pour l'extérieur sont soumises aux tarifs ci-après :

NATURE DES LETTRES	SERVICE INTÉRIEUR		SERVICE EXTÉRIEUR	
	Lettres nées et distribuées dans le même bureau	Lettres circulant de bureau à bureau	Lettres militaires	Lettres ordinaires
Lettres affranchies.	0 10	0 15	0 15	0 25
Let. non affranchies.	0 15	0 30	«	0 50

OBSERVATION. — Pour qu'une lettre adressée par un militaire à un civil, puisse jouir de la modération de la taxe d'affranchissement ci-dessus, il faut qu'elle soit contresignée par le chef de corps auquel appartient le militaire ou par l'officier commandant le détachement ou la compagnie. Ce contre-seing, doit toujours être précédé des mots : « *Correspondance militaire* » accompagnés de l'énonciation du grade du signataire. Si l'expéditeur, est un officier, il contresigne lui-même ses lettres.

Quant aux lettres adressées par des civils à des militaires, de tous grades sous les drapeaux elles jouissent toujours de la modération de la taxe ci-dessus.

Cette réduction de taxe n'existe qu'autant que les correspondances soient adressées d'un bureau de poste français sur un territoire français et réciproquement et à la condition qu'elles soient transportées par paquebots français ; dans le cas contraire, elles sont soumises à la taxe des lettres ordinaires.

Les militaires en campagne à l'étranger jouissent de la franchise, mais cette faveur ne peut leur être accordée que par le Ministre qui en règle la durée.

Lettres insuffisamment affranchies :

Service intérieur. — Lorsqu'une lettre circulant dans l'intérieur de la Colonie ne porte qu'un commencement d'affranchissement, elle est considérée comme non affranchie et est taxée comme telle, mais la poste a soin alors de tenir compte de la valeur du timbre qui s'y trouve apposé et réclame au destinataire le montant de la différence ; exemple : une lettre adressée de Saint-Paul à Saint-Denis au poids de 12 grammes (1 port) mais qui serait affranchie au moyen d'un timbre de 10 centimes au lieu de 15 centimes, serait taxée à 20 centimes.

Service extérieur. — Par contre, lorsqu'une lettre venant de l'extérieur est insuffisamment affranchie, elle est taxée au double de l'insuffisance d'affranchissement ; exemple : une lettre originaire de Paris pour la Réunion du poids de 10 grammes (1 port), affranchie à 15 centimes au lieu de 25 c. serait taxée à son arrivée dans la Colonie à 20 centimes.

Pour indiquer la somme à percevoir sur les lettres non affranchies ou insuffisamment affranchies, le bureau de poste de destination se sert de timbres spéciaux appelés chiffres-taxes qui sont apposés sur les lettres à taxer.

Exception. — L'affranchissement des lettres à destination des colonies anglaises de Natal et d'Australie, est obligatoire et a été fixé ainsi qu'il suit par 15 grammes ou fraction de 15 grammes :
Pour l'Australie 0 60.
Pour Natal....... 1,20.

CHAPITRE II

3. — 1° *Cartes Lettres.*

Les cartes lettres sont de 15 c. et de 25 c. ; il est permis d'y insérer les objets qui peuvent être mi dans les lettres ordinaires ; mais si les envois dépassaient alors 15 grammes, ils seraient considérés comme insuffisamment affranchis, et taxés comme tels, à moins que l'affranchissement n'ait été complété au paravant au moyen d'un timbre poste.

Tout timbre poste découpé dans une carte lettre ne peut être utilisé ni échangé.

Les cartes lettres qui n'auraient pas encore servi mais

qui auraient été mises hors d'usage pour un motif quelconque, peuvent être échangées aux guichets des bureaux de poste mais à la condition expresse que tous les morceaux soient représentés de manière à reconstituer la carte lettre (arrêté du 22 janvier 1889).

4. — 2° *Cartes postales.*

Les cartes postales sont de 2 sortes : celles à 10 c. qui sont simples et celles à 20 c. qui sont doubles, c'est-à-dire avec réponse.

La carte postale avec réponse, se composent de deux cartes adhérentes, repliées l'une sur l'autre, et revetues chacune d'un timbre poste de 10 centimes, l'expéditeur écrit au verso de la première carte ; la seconde, étant réservée à la réponse, en est détachée par le destinataire, qui après avoir écrit au verso, en fait retour à l'envoyeur. La carte réponse ainsi réexpédiée, même d'un pays étranger, faisant partie de l'Union postale, ne supporte aucune taxe, étant considérée comme valablement affranchie.

Comme les cartes lettres, elles peuvent être échangées dans les mêmes conditions et les timbres y découpés ne peuvent être utilisés, ni échangés.

Cartes postales fabriquées par l'industrie privée.

L'arrêté du Ministre des finances en date du 7 octobre 1875 qui autorisait la fabrication des cartes postales par l'industrie privée ayant été modifié par un autre arrêté ministériel du mois d'octobre 1888, le public est autorisé aujourd'hui à faire circuler à *l'intérieur* de la France au tarif de 10 centimes, toutes cartes portant d'un côté, le timbre d'affranchissement, le nom du destinataire et de l'autre la correspondance ou les mentions manuscrites ou imprimées de toute nature.

La dimension de ces cartes a été réduite à 9 centimètres de largeur sur 6 centimètres de hauteur au lieu de 12 centimètres sur 8 centimètres et enfin leur poids minimum a été abaissé de 2 grammes à 1 gramme 50 centigrammes.

Cet arrêté supprime l'obligation pour les cartes postales de fabrication privée, de porter au recto les mentions imprimées : « *Carte postale* ». — « *Ce côté est exclusivement réservé à l'adresse* ». Il est donc facile au public de transfor-

mer, au moyen d'un simple timbre de 10 centimes, une carte blanche ordinaire en une carte postale.

NOTA. — Mais cet arrêté n'ayant pas encore été promul-
gué à la Réunion, ces nouvelles facilités ne peuvent encore
lui être applicables.

5. — 3° *Enveloppes timbrées.*

Les enveloppes timbrées sont de 15 centimes et de 0,5
centimes ; mais il est perçu en sus, par enveloppe, un centime pour les premières et un demi centime pour les secon-
des. Celles de 15 centimes peuvent être vendues par unité
mais celles de 0,5 centimes ne peuvent l'être que par 2 au
moins.

Ainsi qu'il a été dit pour les cartes lettres et les cartes
postales elles peuvent être échangées dans les mêmes conditions. Les timbres découpés ne peuvent ni servir ni être
échangés.

6. — 4° *Bandes timbrées.*

Les bandes timbrées sont de 0,2 c., 0,4 c. et 0,5 centimes ;
mais il est perçu en sus, 1 centime par 3 bandes. Il ne peut
être vendu moins de 15 bandes à la fois et au-dessus de 15
bandes, le chiffre des bandes vendues doit être toujours un
multiple de 3 (arrêté du 22 janvier 1889).

Elles peuvent être employées pour l'envoi des correspondances expédiées sous bandes de taxe supérieure à celle ex-
primée par le timbre d'affranchissement ; mais dans ce cas
l'affranchissement doit être complété en timbres poste.

Les timbres découpés ne peuvent être employés ni échangés.

CHAPITRE III

7. — *Papiers d'affaires ou de commerce*
et objets qui leur sont assimilés.

Sont considérés comme papiers d'affaires :

1° Les actes de tous genres dressés par les notaires, les
avoués, les greffiers ainsi que les réquisitions, notes de frais
ou honoraires accompagnant les pièces d'un dossier.

2° Les lettres de voiture.

3° Les polices, pièces de comptabilité et tous les docu-
ments concernant les compagnies d'assurance et n'ayant
pas le caractère de correspondance personnelle.

4° Les copies ou extraits d'actes sous-seings privés écrits sur papier libre ou timbré ; les journaux contenant les insertions légalisées ou enregistrées ; les articles ou mémoires manuscrits traitant des questions spéciales, destinés à être enregistrés dans les publications périodiques ou non périodiques et généralement tous les manuscrits à être soumis ou non à l'impression ; enfin, les titres de toute nature, servant de pièces justificatives ou d'éclaircissement à une affaire judiciaire, industrielle ou commerciale, ainsi que les lettres d'une date ancienne ayant perdu tout caractère d'actualité et destinées au même usage.

5° Les partitions et feuilles manuscrites de musique.

6° Les effets de commerce échus et à échoir.

7° Les factures acquittées ou non acquitées.

8° Les billets d'avertissement en conciliation.

9° Les ordonnances et certificats médicaux.

10° Les épreuves d'impression ou de gravure.

11° Les avis de naissance, de mariage ou de décès et avis divers.

Ils peuvent être expédiés sous enveloppe ouvertes ou placés sous bandes, dans des sacs ou des boîtes faciles à ouvrir, de manière à pouvoir être facilement examinés. Ils ne doivent mesurer sur aucune face plus de 45 centimètres ni peser plus de 2 kilogrammes, tant pour le service intérieur que pour le service extérieur et sont soumis aux tarifs ci-après :

1° *Pour le service intérieur :* 0,4 centimes par 50 grammes ou fractions de 50 grammes.

2° *Pour le service extérieur :* 25 centimes pour les 250 premiers grammes et au dela des 250 premiers grammes, 0,5 centimes par 50 grammes ou fraction de 50 grammes.

PAR EXCEPTION. — 1° Les *avis de naissance, de mariage et de décès* sont affranchis à 0,5 centimes tant pour le service intérieur que pour le service extérieur.

2° Sont soumis à la même taxe les avertissements ou avis imprimés adressés par les compagnies de transport aux réceptionnaires de marchandises pour les inviter à en prendre livraison.

3° Enfin : les billets en conciliation délivrés par les juges de Paix, sont affranchis à 0,10 centimes. Ils doivent être uniformément imprimés, porter l'empreinte du sceau de la Justice de Paix et être présentés au guichet.

CHAPITRE IV

8. — *Echantillons de marchandises.*

Sont considérés comme échantillons, les fragments de marchandises, les articles dépareillés ou incomplets destinés à en faire connaître la provenance ou le type.

Dans le service international les objets soumis aux droits de douane sont interdits.

Les gants, les bas, les chaussures ne peuvent être expédiés que séparement, c'est-à-dire côté par côté.

Ces mêmes objets ne peuvent être reçus, même isolément, s'ils n'ont été détériorés et mis hors d'usage lorsqu'ils sont à destination de l'Allemagne, l'Autriche-Hongrie, l'Espagne, les Pays-Bas, les colonies Néerlandaises et la Suisse.

Sont exclus du service :

Les matières inflammables, exploisibles ou dangeureuses, les matières fétides ou susceptibles de se corrompre et en général, tout objet pouvant compromettre la sûreté du service et détériorer les correspondances.

Les échantillons de matières, grasses, colorantes ou liquides peuvent être néanmoins acceptés pour les **pays** étrangers (à l'exclusion : du Canada, de la Grande-Bretagne, du Guatémala, de l'île de Malte, de la Perse, de la Russie et du Vénézuéla) ; mais ils ne peuvent être expédiés qu'à la condition expresse d'être placés dans des flacons en verre épais ; ces flacons doivent être insérés dans des boites en bois ou en carton solide, garnies de sciure de bois ou de toute autre matière en quantité suffisante pour absorber le liquide en cas de bris du flacon et ces boites doivent elles-mêmes être enfermées dans des étuis en ferblanc.

Dans aucun cas, les précautions exigés pour l'emballage des échantillons ne doivent faire obstacle à leur vérification.

Les dimensions de ces boites ne doivent pas dépasser 10 centimètres de longueur, 8 centimètres de largeur et 5 centimètres de hauteur ; les boites cylindriques peuvent avoir 10 centimètres de hauteur et 8 centimètres de diamètre.

Les autres échantillons ne doivent pas mesurer plus de 30 centimètres sur chaque face à l'exception des échantillons d'étoffes collés sur papier ou sur carton mince et flexible, dont la dimension peut atteindre 45 centimètres en longueur.

EXCEPTION. — Par arrêté ministériel en date du 12 mai 1887, les produits pharmaceutiques ou industriels que les fabricants expédient dans des sacs, flacons, étuis ou récipients quelconques, sur lesquels ils attestent l'authenticité de la fabrication, la propriété de l'invention au moyen des marques portées sur des bandes étiquetées ou cachets servant de fermeture, sont admis dans le service, au tarif des échantillons ordinaires. Ils restent toujours soumis aux mêmes conditions de dimension exigées ci-dessus.

Ces nouvelles facilités accordées pour l'expédition de ces sortes d'échantillons, ont pour but de garantir le fabricant contre la contrefaçon.

Tous les échantillons, sont soumis aux tarifs ci-après :

1° *Service intérieur*. — Les échantillons circulant dans l'intérieur de la Colonie ne doivent pas peser plus de 300 grammes et sont passibles d'une taxe d'affranchissement de 0,4 centimes par 50 grammes ou fraction de 50 grammes (arrêtés des 26 décembre 1874 et 20 août 1878).

2° *Service extérieur*. — Les échantillons à destination de l'extérieur ne doivent pas peser plus de 250 grammes pour l'Allemagne, l'Autriche-Hongrie, les Pays-Bas, la Russie, la Turquie, le Monténégro, la Serbie, la Suède et la Norwège ; de 300 grammes pour les régences de Tripoli et de Tunis et pour les autres pays de l'union de 350 grammes et sont affranchis à 10 centimes pour les 100 premiers grammes et 0,5 centimes par 50 grammes ou fraction de 50 grammes.

EXCEPTION. — Les échantillons à destination de l'Australie sont affranchis à 10 centimes par 50 grammes ou fraction de 50 grammes et ne doivent pas peser plus de 350 grammes.

L'affranchissement des échantillons est toujours obligatoire.

CHAPITRE V

9. — *Journaux et publications périodiques.*

Les journaux, recueils, annales, mémoires ou bulletins, paraissant au moins, une fois par trimestre, traitant des matières politiques ou non, sont compris dans la catégorie de journaux. Ils ne doivent pas peser plus de 2 kilogrammes, tant pour le service intérieur que pour le service extérieur et sont soumis aux tarifs ci-après :

0,02 centimes par 50 grammes ou fraction de 50 grammes pour le service intérieur ; et 0,5 centimes par 50 grammes ou fraction de 50 grammes pour le service extérieur.

PAR EXCEPTION. — Le *Journal officiel de la Réunion* paraissant 2 fois par semaine est envoyé gratuitement, par la poste, aux chefs d'administrations, aux fonctionnaires qui ont droit de le recevoir et aux conseillers généraux ; mais les numéros adressés à ces derniers et expédiés par les soins du secrétariat du Conseil général doivent porter la griffe du Président.

CHAPITRE VI

10. — *Imprimés de toute nature et objets*
qui leur sont assimilés.

Sont compris dans la catégorie des imprimés, les livres brochés ou reliés, papiers de musique, cartes de visite, gravures, photographies, images et dessins, plans et cartes de géographie, circulaires, catalogues, annonces et avis divers et en général, toutes les reproductions obtenues au moyen d'un procédé mécanique quelconque, excepté le décalque.

Sont exclus de la catégorie des imprimés et ne peuvent être expédiés que par lettres ; les timbres poste oblitérés ou non, les billets de loterie ainsi que tous imprimés constituant le signe représentatif d'une valeur quelconque. Cette interdiction s'applique aussi aux circulaires écrites à la main.

Les imprimés peuvent être mis sous bandes mobiles, en rouleaux, entre cartons, dans un étui ouvert d'un côté, simplement pliés ou sous enveloppe ouverte ; mais de manière que la vérification soit toujours facile.

Ils ne doivent pas avoir une dimension supérieure à 45 centimètres sur aucun côté, ni peser plus de 2 kilogrammes, tant pour le service intérieur que pour le service extérieur, et sont soumis aux tarifs ci-après :

1° 0,02 centimes par 50 grammes ou fraction de 50 grammes pour le service intérieur.

2° 0,05 centimes par 50 grammes pour le service extérieur.

EXCEPTION. — Les cartes de visite, tant pour l'intérieur que pour l'extérieur sont affranchies à 0,05 centimes.

Il peut être mis 2 cartes dans la même enveloppe et les annotations à la main autorisées comme n'ayant pas un caractère de correspondance sont les suivantes :

1° P. P. C. (pour prendre congé) à la main ou imprimée.

2° (En congé) à la main ou imprimée.

3° Les souhaits ou les vœux exprimés en termes impersonnels à l'occasion d'un événement général. Si le souhait est manuscrit, la taxe de la carte, serait celle des lettres.

4° Les avis de changement de domicile, imprimés ou indiqués au moyen d'un composteur ; mais dans aucun cas, ils ne doivent être manuscrits.

5° La mention imprimée : « *Pour faire part du mariage ou de la naissance de leur fils ou de leur fille* », mais cette mention ne peut être manuscrite.

6° L'indication imprimée *des jours et heures de consultation ou de réception* (cette indication ne peut être manuscrite à moins que le jour et l'heure ne soient biffés et remplacés à la main.

OBSERVATION. — Sont admis à circuler avec la modération de la taxe ci-dessus, les livres, brochures, photographies et en général toutes les productions littéraires et artistiques sur lesquelles est portée une dédicace manuscrite consistant en un simple hommage de l'auteur. L'hommage ou l'offre de personnes autres que l'auteur est aussi autorisé, mais, dans ce cas, l'expéditeur doit acquitter une taxe supplémentaires de 10 centimes (arrêté ministériel du 20 juin 1885).

Deuxième partie

CHAPITRE UNIQUE

11. — *Franchises et Contre-seings.*

(Arrêtés des 24 décembre 1860, 29 janvier 1862, 12 février 1866, 13 septembre 1869, mai 1871, 9 janvier 1872, 12 novembre 1873, 11 mars 1874, 7 juin 1876, 16 novembre 1880, 6 juin 1881, 9 juillet 1881, 17 janvier 1885.

La franchise est l'exemption de taxe accordée par la loi à certaines correspondances contresignées, transmises par la poste mais exclusivement relatives au service de l'Etat.

Le Gouverneur, le Directeur de l'intérieur et les chefs d'administration peuvent remplacer leur contre-seing par un timbre appelé griffe.

Tous les autres fonctionnaires sont tenus de signer au-dessous de la désignation de leurs fonctions sur l'adresse des lettres ou paquets qu'ils expédient.

Les lettres ou paquets expédiés en franchise peuvent être mis sous bandes ou sous enveloppe fermée, mais, dans ce dernier cas, l'expéditeur écrit avant la désignation de son grade et de sa signature les mots : « Nécessité de fermer » ou « fermée par urgence ».

Il est défendu d'insérer dans les dépêches en franchise, les lettres, papiers ou objets quelconques étrangers au service.

Le Gouverneur, l'Evêque, le Directeur de l'intérieur, le Procureur général, jouissent de la franchise illimitée pour toutes les lettres et paquets qui leur sont adressées tant de l'intérieur que de l'extérieur.

Et les fonctionnaires ci-après désignés jouissent de la franchise pour les lettres qui leur sont adressées de l'intérieur :

Président du Conseil général.
Président de la Cour.
Le colonel, commandant l'infanterie de marine.
Les Inspecteurs des finances.
Les Présidents des Tribunaux de 1re Instance.
Les Substituts du Procureur général.
Les Procureurs de la République et leurs substituts.
Le Médecin en chef.
Les Directeurs des administrations financières.
L'Inspecteur de l'instruction publique.
L'Ingénieur en chef.
Le Commandant de la gendarmerie.
Le Commissaire central de sûreté.
Les Juges de Paix.
Les Maires, Adjoints spéciaux, Présidents d'agences municipales.
Le Proviseur du Lycée.
Le Protecteur des immigrants.

Les lieutenants de la gendarmerie.
Les Commissaires d'arrondissement.
Le Président de la Chambre d'agriculture.
Le Président du Jury d'Exposition.
Le Président de la Société des Sciences et Arts.
Le Président du Conseil d'administration de l'assistance publique.
Le Président de la Commission coloniale.

La correspondance a lieu en franchise, sous bandes ou sous plis fermés, entre les Fonctionnaires ci-après :

EXPÉDITEURS	CORRESPONDANTS	OBSERVATIONS
Inspecteur des finances	Tous les fonctionnaires de la colonie et de l'extérieur	sous bandes ou sous enveloppe fermée.
Colonel, commandant l'infanterie de marine	Les chefs de détachement de son corps, les maires, les commissaires de police.	
Trésorier payeur	Ses préposés à l'intérieur et à l'extérieur, le trésorier particulier, les percepteurs les maires et tous les employés des diverses administrations.	par lettres fermées ou sous bandes.
Trésorier particulier	Les percepteurs, les maires et les divers employés d'administration de sa circonscription.	
Substituts du procureur général, procureurs de la République, leurs substituts, les juges d'instruction.	Maires, Commissaires de police, juges de paix.	sous bandes ou par lettres fermées.
Chef de service de santé.	Officiers de santé détachés à l'hôpital de Salazie et sur tous les autres points de l'île, les membres et délégués et autres agents du service sanitaire, les maires, les vaccinateurs du gouvernement.	
Directeurs des administrations financières	Tous les employés de leur service, les contrôleurs principal et divisionnaires des contributions in-	

EXPÉDITEURS	CORRESPONDANTS	OBSERVATIONS
	directes, les maires, les percepteurs, préposés surveillants de guildives, receveurs des postes, *ces derniers entre eux.*	
Inspecteur de l'instruction publique.	Chefs d'institution.	
Ingénieur en chef et Ingénieurs coloniaux.	Entre-eux et les conducteurs des travaux, et agents appartenant à la Direction des Ponts et Chaussées ou placés sous leurs ordres.	
Directeurs d'artillerie et du génie.	Les officiers, employés et comptables de leurs services, détachés dans les différentes localités, les ingénieurs coloniaux, les maires, les commandants de place, les chefs et les conseils d'administration des différents corps de troupes, les commandants des milices, l'officier du commissariat chargé des travaux et approvisionnements à St-Denis.	
Capitaine de Port.	Maîtres de port, les surveillants de rade, les maires, les chefs du service maritime à St-Pierre et à St-Paul.	
Commandant de la gendarmerie.	Chefs de la gendarmerie, dans chaque résidence, les maires, les commissaires de police, les lieutenants et commandants des brigades entre-eux.	
Commissaire central de sûreté.	Les commissaires de police, *ces derniers entre eux.*	
Juges de Paix.	Maires et commissaires de police,	
Maires.	*Entre eux* et les commandants des milices de leurs circonscriptions respectives.	
Commandants des milices.	*Entre eux* et les adjudants majors chargés du service de leurs communes respectives.	
Commandants de place.	*Entre eux*, et les maires, les commissaires de police, les commandants des milices et les chefs de poste détachés.	
Vérificateur de l'En-	Les receveurs de l'enregistrement.	

EXPÉDITEURS	CORRESPONDANTS	OBSERVATIONS
registrement et des Domaines.	les conservateurs des hypothèques, les maires, les curateurs aux biens vacants, les employés des eaux et forêts depuis l'inspecteur jusqu'aux sous brigadiers et *ces derniers entre eux.*	
Inspecteurs divisionnaires des Douanes.	Chef du bureau principal des Douanes les chefs des bureaux sédentaires, le lieutenant, les brigadiers sous brigadiers, chefs de poste et *tous ces employés entre eux.*	
Chefs d'administration.	Les maires.	pour leurs correspondances extérieures.
Secrétaire archiviste du Conseil privé.	Les maires.	
Commissaire de l'inscription maritime, président le tribunal maritime commercial	Les maires, les procureurs de la République, le capitaine de port, le juge de paix à Saint-Denis, le commandant de la gendarmerie, les commandants des brigades de la gendarmerie, les commissaires de police, les chefs du service de la marine à St-Paul et à St-Pierre, les surveillants des rades en ce qui concerne la police de la navigation et de l'inscription maritime.	
Les fonctionnaires du Commissariat de la marine, aux revues et armements, travaux, approvisionnements et subsistances, de la comptabilité des fonds à St-Denis et les chefs de service de la marine à St-Pierre et à St-Paul.	Les maires, le commandant de la gendarmerie, les commandants des brigades de gendarmerie, les conseils d'administration et les chefs des corps organisés, les directeurs de l'artillerie et du génie, le capitaine de port, le trésorier payeur, le trésorier particulier, les receveurs de l'Enregistrement et curateurs aux biens vacants, les divers comptables de l'État et du trésor.	
Les fonctionnaires du commissariat	Les maires, les directeurs ou agents des autres hôpitaux, les officiers,	

EXPÉDITEURS	CORRESPONDANTS	OBSERVATIONS
chargés du service administratif de l'hôpital militaire.	chefs du service de la marine à St-Paul et à St-Pierre,	
Le chef du bureau des finances et approvisionnements de la Direction de l'Intérieur.	Les ingénieurs coloniaux, les conducteurs des Ponts et Chaussées les chefs de brigade de l'atelier colonial.	
Protecteur des Immigrants.	Les maires, les juges de paix les commissaires de police, les présidents des syndicats d'arrondissement et les syndics.	
Les desservants des paroisses.	*Entre eux.*	
Les présidents des conférences de Saint-Vincent de Paul.	*Entre eux.*	
Les supérieurs et supérieures des Etablissements Religieux qui se livrent à l'enseignement public.	Les chefs de leurs établissements dans les communes.	
Chef de service de l'Enregistrement	Les syndics des immigrants ou les commissaires de police remplissant les fonctions, les receveurs des Postes chargés de la perception de la taxe d'engagement et ces derniers avec les receveurs de l'enregistrement de leurs circonscriptions.	sous bandes.
Trésorier-payeur.	Les débiteurs de l'Etat pour le recouvrement des ordres de recettes émis par le directeur de l'intérieur et l'ordonnateur.	
Chef de service des eaux et forêts.	Le garde général des forêts, brigadiers chefs, brigadiers et gardes forestiers, arpenteurs, agents auxiliaires, chefs d'atelier attachés aux travaux de délimitation forestières (ceux-ci avec les agents des forêts).	réciproquement entre eux.

EXPÉDITEURS	CORRESPONDANTS	OBSERVATIONS
Trésorier-payeur.	Ministre des finances, Directeur général de la Caisse des dépôts et consignations, grand chancelier de la légion d'honneur.	
Receveurs de l'Enregistrement.	Les redevables quelque soit leurs résidences.	
Commandants des bâtiments de l'Etat.	*Entre eux*, le capitaine de port, les lieutenants de port et les surveillants de rade.	
Syndics des Immigrants.	Les propriétaires et engagistes dans l'étendue de leurs circonscriptions.	
Substituts du Procureur général, Procureurs de la République, leurs substituts, les Juges d'instruction.	Maires, commissaires de police, juges de paix.	sous bandes ou par lettre fermée.

Troisième partie

12.—*Chargements*

On appelle chargement la lettre ou le paquet dont l'expéditeur fait constater authentiquement le dépôt dans un bureau de poste et dont il se fait donner reçu.

Il peut demander qu'il lui soit donné avis de la réception par le destinataire du chargement par lui déposé, moyennant un droit fixe de 10 centimes.

Les lettres ou objets adressés sous des initiales ou dont l'adresse serait écrite au crayon ne peuvent être recommandés ni chargés.

Les lettres chargées ou recommandées ne peuvent être remises qu'au destinataire ou à son mandataire muni de pouvoirs réguliers moyennant décharge.

Tous les autres objets soumis à la formalité de la recommandation peuvent être délivrés, à défaut du destinataire, soit à toute autre personne attachée à son service ou demeurant avec lui, soit à un domestique ou planton, mais toujours contre reçu.

Tous les objets chargés ou recommandés peuvent être adressés à domicile ou à poste restante.

Les chargements se divisent en 6 catégories. Savoir :

1° Objets soumis à la recommandation.
2° Lettres de valeurs déclarées.
3° Boîtes de valeurs déclarées.
4° Boîtes de valeurs côtées.
5° Chargements en franchise.
6° Chargements d'office.

CHAPITRE I

13. — *Objets soumis à la recommandation.*

Peuvent être soumis à la formalité de la recommandation ; les lettres, cartes lettres, cartes postales, échantillons, papiers d'affaires, journaux, imprimés et généralement tous les objets qui rentrent dans le monopole de la Poste.

Les lettres ne sont tenues à aucun mode spécial de fermeture.

Les autres objets désignés ci-dessus, restent soumis aux conditions spéciales de fermeture et d'emballage qui leur sont imposées.

L'administration n'est tenue à aucune indemnité pour la détérioration ou la spoliation des objets recommandés. En cas de perte, sauf le cas de force majeure, il est dû une indemnité de 25 francs pour les objets recommandés, originaires *et* à destination de l'intérieur, et 50 francs pour ceux originaires *ou* à destination de l'extérieur.

Il est perçu en timbres poste, un droit de 25 centimes pour la recommandation en sus de la taxe à laquelle sont soumis les objets suivant la classe à laquelle ils appartiennent, tant pour le service intérieur que pour le service extérieur.

CHAPITRE II

14. — *Lettres de valeurs déclarées.*

L'expéditeur qui veut s'assurer, en cas de perte du remboursement des valeurs au porteur insérées dans une lettre, doit la faire charger et faire la déclaration des valeurs y contenues.

La déclaration doit être portée à la partie supérieure du recto de l'enveloppe ; elle énonce en francs, en centimes et en toutes lettres le montant des valeurs insérées. Elle doit être écrite d'avance par l'expéditeur lui-même, sans rature ni surcharge même approuvée, sous peine de refus d'admission.

La déclaration ne doit pas excéder *deux mille* francs pour les lettres circulant dans l'intérieur de la Colonie et *dix mille* francs pour celles à destination de l'extérieur. Le même expéditeur peut adresser, à la fois, au même destinataire plusieurs lettres de valeurs déclarées.

La perte, sauf le cas de force majeure, d'une lettre de valeur déclarée, donne droit au remboursement intégral du montant de la somme déclarée.

Ces lettres doivent être placées sous enveloppe scellée de cachets en cire fine et en nombre suffisant pour préserver le contenu de toute spoliation. Les cachets doivent être de la même cire, porter la même empreinte qui doit être spéciale à l'expéditeur. Sont exclus, les empreintes banales obtenues au moyen d'une pièce de monnaie d'un dé à coudre, d'un bouton ou de tout autre objet semblable.

Indépendamment de la taxe dont ces lettres sont passibles comme lettres ordinaires affranchies, elles sont soumises aux tarifs ci-après :

1° A un droit fixe de 25 centimes de recommandation, tant pour le service intérieur que pour le service extérieur.

2° Et à un droit d'assurance.

Pour l'intérieur de 15 centimes par 100 francs ou fraction de 100 francs déclarés.

Et *pour l'extérieur* à un droit variant suivant les pays où sont adressées ces lettres et dont la nomenclature et le tarif se trouvent dans un tableau ci-annexé.

CHAPITRE III

15. — *Boîtes de valeurs déclarées.*

(arrêté du 17 septembre 1889).

On appelle boîtes de valeurs déclarées, les boîtes contenant des bijoux et objets précieux admis à la formalité du chargement sur la déclaration de leurs valeurs.

Il n'en est accepté que pour la France, les colonies et établissements français ainsi que de colonie à colonie française par l'intermédiaire des services métropolitains.

Ces boites doivent être en bois dont l'épaisseur ne peut être moindre de 8 millimètres ; elles ne doivent pas mesurer plus de 10 centimètres sur toutes les faces (longueur, largeur et hauteur).

Elles doivent être entourées d'un croisé de ficelle et scellées sur les 4 faces latérales, au moyen de cachets en cire fine, de la même couleur, avec une empreinte uniforme et spéciale comme il a été dit pour les lettres de valeurs déclarées. Elles doivent être aussi garnies, au préalable, sur l'étendue des deux faces (côté de la fermeture et côté opposé) de feuilles de papier blanc y adhérents fortement et destinées à recevoir l'adresse du destinataire, la déclaration de la valeur, l'empreinte du timbre de dépôt de passe et de destination.

Il n'est pas assigné de minimum de déclaration, mais elle ne peut excéder dix mille francs.

Et elles sont soumises aux taxes ci-après :

1° A un droit fixe de 25 centimes en timbre poste par envoi.

2° Et à un droit proportionnel d'assurance de 2 francs pour les premiers 100 francs déclarés qu'elle que soit la fraction et au delà de 100 francs un franc par 100 francs ou fraction de 100 francs toujours en timbres poste.

L'expéditeur, peut, au moment du dépôt demander qu'il lui soit donné avis de la réception par le destinataire moyennant la somme de 10 centimes.

Il est interdit d'insérer dans ces boites les pièces de monnaies françaises ou étrangères, les billets de Banque ainsi que les lettres ou notes ayant un caractère de correspondance personnelle. Il est aussi défendu de faire une déclaration supérieure à la valeur réelle de l'envoi.

Toutes les infractions à ces interdictions sont punies conformément à la Loi.

A leur arrivée dans la Colonie, les boites de valeurs déclarées sont remises par le service des postes au service des Douanes qui en fait la livraison aux destinataires contre paiement du montant des droits auxquels sont soumis les objets qu'elles contiennent.

Sauf le cas de force majeure, la perte ou la spoliation

dans le service, d'une boite de valeur déclarée, donne droit à une indemnité égale au montant de la déclaration en cas de perte ou de spoliation totale, et à la différence entre la déclaration et les valeurs parvenues en cas de spoliation partielle.

CHAPITRE IV

16. — *Valeurs côtées.*

Comme les boites de valeurs déclarées, les valeurs côtées sont des boites contenant des objets précieux que l'expéditeur soumet à la formalité du chargement sur la déclaration de leur valeur.

Il n'est accepté de valeurs côtées que pour l'intérieur de la Colonie, leur valeur ne peut excéder 100 francs ni être moindre de 30 francs.

L'estimation d'une valeur côtée est établie contradictoirement entre le Receveur et le déposant ; en cas de débat, l'estimation du Receveur prévaut.

Les valeurs côtées sont reçues à découvert, les objets à expédier sont renfermés en présence du Receveur, par le déposant, dans une boite cachetée du cachet de l'envoyeur, auquel le Receveur ajoute celui de son bureau.

La boite doit être assez solide pour protéger contre toute détérioration l'objet qui y est renfermé ; elle ne doit pas mesurer plus de 10 centimètres de longueur, 8 centimètres de largeur et 5 centimètres de hauteur ni peser plus de 300 grammes.

Les interdictions énoncées ci-dessus pour les boites de valeurs déclarées sont applicables aux valeurs côtées.

Elles sont soumises aux taxes ci-après :

1° A un droit de un pour cent qui doit être acquitté en numéraire.

2° Et à une taxe fixe et invariable de 40 centimes en timbres poste quelque soit le poids de la boite.

CHAPITRE V

17. — *Chargements en franchise.*

Tous les fonctionnaires ayant droit de correspondre en franchise avec d'autres fonctionnaires ou des particuliers, pouvant faire soumettre à la formalité de la recommandation les plis ou paquets qu'ils désirent expédier, mais à la condition que ces plis ou paquets soient accompagnés d'une réquisition écrite et signée du fonctionnaire qui en fait l'envoi.

Lorsqu'un particulier veut faire recommander une lettre ou un paquet adressé à un fonctionnaire jouissant de la franchise illimitée, il est tenu d'acquitter une taxe de 25 centimes représentant le droit fixe de recommandation.

CHAPITRE VI

18. — *Chargements d'office.*

Sont chargés d'office les objets de correspondance ouverts par la justice et réintégrés dans le service ; les avis de réception en retour et les objets et lettres revêtus d'un timbre poste contrefait ou ayant déjà servi ; ceux paraissant contenir des valeurs prohibées et tous les objets de correspondance pouvant donner lieu à contravention.

Ces derniers objets sont taxés et ouverts par le destinataire en présence du Receveur qui, après avoir constaté la contravention, dresse procès-verbal à l'expéditeur, et en cas de refus par le destinataire, le Receveur en fait l'ouverture en présence des témoins et en dresse toujours procès-verbal avec mention du refus ci-dessus.

Quatrième partie

CHAPITRE UNIQUE

19. — *Mandats d'articles d'argent.*

On désigne sous le nom d'articles d'argent, les sommes versées aux caisses des Receveurs de poste pour être payées dans d'autres bureaux de poste ; mais il n'en est délivré que pour l'intérieur de la Colonie. Lorsqu'un particulier veut faire passer de l'argent en France ou dans tout autre pays pour lequel il peut être délivré des mandats poste, c'est au Trésorier payeur à Saint-Denis ou aux Percepteurs dans les quartiers qu'il doit s'adresser ; de même les mandats de poste venant de l'extérieur sont payés par les soins du trésor et des Perceptions.

Il est accordé un délai d'un an, à compter de la date de l'émission, pour réclamer le remboursement d'un mandat perdu ou détruit.

Le droit à percevoir, au profit du Trésor, en sus de la somme versée et représentant le montant du mandat est de 0,60 centimes pour cent francs.

OBSERVATION. — La poste délivre aussi, *gratuitement*, et sur réquisition, pour les besoins du service des mandats d'articles d'argent, aux services des Ponts et chaussées, des douanes et de l'immigration, mais à ce dernier jusqu'à concurrence de cinq francs par mandat.

Cinquième partie

TÉLÉGRAPHES

CHAPITRE I

20, — *Télégraphe viâ Aden et Zanzibar.*

La poste se charge des télégrammes à destination de l'extérieur, viâ Aden et Zanzibar » et devant être acheminés par l'intermédiaire des stations télégraphiques des compagnies « *Eastern Télégraph* » et « *Eastern and south African Télégraph* ».

La taxe à percevoir par télégramme, se compose de :

1° Celle qui est indiquée par les tarifs des Compagnies ci-dessus désignées, à tant par mot, et qui sont ci-annexés.

2° D'un droit de 0,50 centimes pour le transport maritime.

3° En cas de transmission par le fil colonial d'un point de la Colonie au port d'embarquement, de la taxe exigée suivant le tarif adopté par la Société du télégraphe de la Réunion dont il sera parlé ci-après.

Les télégrammes doivent être rédigés en langage clair, convenu ou chiffré à l'exclusion des lettres secrètes (sauf les télégrammes de l'État.)

Au moment du dépôt, un reçu est délivré à l'expéditeur, mentionnant : l'heure de la remise de la dépêche, le nombre de mots qu'elle contient ainsi que la taxe perçue.

Les télégrammes venant de l'extérieur sont acheminés

par la voie de la poste à moins qu'ils ne portent la mention indiquant qu'ils doivent être, à leur arrivée du port de débarquement, transmis par le fil colonial.

CHAPITRE II

21. — *Télégraphe colonial.*

Le fil télégraphique, reliant entre eux tous les points de la Réunion, est exploité par une Société particulière et les dépêches qui lui sont confiées sont soumises au tarif suivant:

Expéditions de jour

1° Pour les dépêches expédiées de bureau à bureau limitrophe.

de 1 à 10 mots 0,50 centimes.

de 10 mots à 20 mots 1 franc.

Et au dela, 0,50 centimes par 20 mots.

2° Pour les dépêches passant par bureaux intermédiaires:

de 1 à 10 mots 1 franc.

de 10 à 20 mots 2 francs et au dela, 1 franc par 20 mots.

Réponses.

1° Pour les réponses, de bureau à bureau limitrophe, il est perçu : 0,50 centimes pour les premiers 20 mots et au dela, 0,25 centimes par 20 mots.

2° Et pour les réponses passant par bureaux intermédiaires : 1 franc pour les premiers 20 mots et au dela, 2 fr. 50 centimes par 20 mots.

Dépêches de nuit.

Les dépêches de nuit sont taxées à 5 francs pour les premiers 20 mots et au dela, 2 fr. 50 centimes par 20 mots.

Réponses.

Les réponses sont taxées à 2 fr. 50 centimes pour les premiers 20 mots et au dela, 1 fr. 25 centimes par 20 mots.

Réponses de nuit aux télégrammes de jour.

Les réponses de nuit aux télégrammes de jour, sont considérées comme dépêches de nuit, et taxées à 5 francs pour les 20 premiers mots et au dela, 2 fr. 50 par 20 mots.

CHAPITRE UNIQUE
22. — *Colis-postaux.*
Expédition.

Le public est admis à expédier par l'intermédiaire des bureaux de Poste de Saint-Denis, de la Pointe des Galets, de Saint-Paul et de Saint Pierre, les colis postaux à destination des pays de l'extérieur et dont la nomenclature et le tarif se trouvent indiqués dans un tableau ci-annexé.

Les colis postaux ne doivent contenir aucune matière explosible, inflammable ou dangereuse, ni aucun article prohibé par les lois et règlements de la douane, ainsi qu'aucune lettre ou note, ayant un caractère de correspondance.

Ils ne doivent pas peser plus de 3 kilog., ni avoir une dimension supérieure à 60 centimètres cubes ; ni mesurer plus de 60 centimètres sur aucune face.

Les objets expédiés comme colis postaux, peuvent être insérés dans des boîtes en bois ou en fer blanc, dans des sacs en toile ou en rabanne ou, même dans du papier d'emballage assez solide pour pouvoir résister aux frottements et aux chocs.

Les matières grasses, liquides ou colorantes ou appelées à fermenter, doivent être mise, dans une première boîte en fer blanc et cette dernière, dans une caissette en bois assez solide pour protéger le contenu contre tous les chocs.

L'expéditeur d'un colis postal doit, au préalable, faire à la douane une déclaration écrite, qu'il remet ensuite à la poste en même temps que les colis.

Il est exigé une déclaration par colis et par adresse, mais, si l'expédition se compose de plusieurs colis à la même adresse une seule déclaration suffit.

Au moment du dépôt, le bureau expéditeur délivre au déposant : 1° un récépissé qui lui est destiné ; 2° et un bulletin d'expédition qui doit être envoyé au destinataire.

La perte d'un colis postal donne droit à une indemnité de 15 francs.

RÉCEPTION. — Les colis postaux venant de l'extérieur, sont délivrés à leurs destinataires par les soins du service des Douanes, qui, en en faisant la livraison, perçoit les droits d'entrée auxquels sont soumis les objets qu'ils contiennent.

LE BRUN.

ANNEXE 1

Pays compris dans l'union postale Universelle

EUROPE

(en entier)

Allemagne (y compris Héligoland), Autriche-Hongrie (y compris la principauté de Lichtenstein), Belgique, Bulgarie, Danemarck (y compris l'Islande et les îles Féroé), Espagne (y compris Andorre, les Baléares, les Canaries, les établissements de la côte septentrionale d'Afrique), Grande-Bretagne (y compris Malte, Gibraltar et Chypre), Grèce (avec les îles Ioniennnes), Italie (avec Saint-Marin), Luxembourg, Monténégro, Norwège, Pays-Bas, Portugal (y compris Madère et les Açores), Roumanie, Russie (avec la Finlande), Serbie, Suède, Suisse, Turquie.

AFRIQUE

Egypte avec la Nubie et le Soudan, Assab, Massouah et Souakim, sur la mer-Rouge, é at indépendant du Congo, Libéria, Etablissements Allemands, Cameroun, Togo, Afrique du sud-ouest, Etablissements anglais de la côte occidentale d'Afrique, Côte d'Or, Gambie, Lagos, île Maurice, Seychelles et Rodrigues et Amirantes, Sierra Leone, Colonies françaises : Assinie, Congo, Gabon, Grand Bassam, Porto-Novo et autres établissements de la côte occidentale d'Afrique, Mayotte et Nossi-Bé, Obock, Réunion, Sainte-Marie de Madagascar, Sénégal ; Colonies espagnoles, établissements de Guinée, Annobon, Carisco, Fernando-Po ; Colonies portugaises : Adjuda, Ambrey, Benguéla, îles de Bissagos, Bolam, Cachéo, îles du Cap-Vert, Géba, Loanda, Mozambique, Mossamédes, île du Prince et île San-Thomé.

ASIE

Japon, Perse, Russie d'Asie, Siam, Turquie d'Asie (y compris l'Hedjaz et l'Yémen en Arabie), Colonies et établissements anglais : Ceylan, Chypre, établissements du détroit (Singapore, Penang, Wellesley et Malacca), Hong-Kong, Inde Britannique (Aden, Hindoustan, Birmanie : Colonies et établissements français : Annam, Cambodje, Cochinchine, Inde française (Pondichéry, Karikal, Yanaon, Mahé, Chandernagor), Tonkin ; Colonies et établissements portugais : Damaum, Diu, Goa, Macao.

AMÉRIQUE

(en entier)

Bolivie, Brésil, Chili, Costa-Rica, Equateur, Etats-Unis de l'Amérique du Nord, Etats-Unis de Colombie, Guatémala, Haïti, Honduras, Mexique, Nicaragua, Paraguay, Pérou, République Argentine, République Dominicaine, San Salvador, Uruguay, Vénézuéla. Colonies anglaises (Anguella, Antigoa, Ile Bahama ou Lucayes, Iles Berm la Barbade, la Barboude, Iles Bermudes, Cariacou, la Dominique, la Grenade, la Jamaïque, Montserrat, Nevis, Saint-Christophe ou Saint Kitts, Sainte Lucie, Saint Vincent, Tabago, la Trinité, Iles Turques, Iles Vierges, Tortola, Dominion du Canada, Iles Falkland), Guyane anglaise, Honduras Britannique, Terre Neuve, Colonies Danoises : Antilles Danoises, (Sainte Croix, Saint Jean et St-Thomas), Groenland ; Colonies Espagnoles : Cuba, Porto-Rico ; Colonies françaises : Antilles françaises (la Désirade, la Guadeloupe, Marié-Galante, la Martinique, Saint-Barthélemy, les Saintes, Saint Martin (nord), la Guyane française, Saint-Pierre et Miquelon ; Colonies Hollandaises : Antilles Néerlandaises, Aruba, Bonnaire, Curaçao, Saba, Saint Eustache, Saint Martin (sud), Guyane Néerlandaise (Surinam).

OCÉANIE

Iles Hawaï ou Sandwich, Colonie Anglaise (Ile Laboan) ; Colonies Espagnoles : îles Carolines, îles Palaos, Iles Mariannes, îles Philippines ; Colonies Françaises : îles Basses ou Tuamotou, îles Gambier, îles Loyalty, îles Marquises, Nouvelle Calédonie, île des Pins, îles Taïti et Toubouaï, îles Wallis ; Colonies Hollandaises ; Bali, Banca, Billiten, Bornéo (moins la partie nord), Florès, Nouvelle Guinée (partie occidentale), Java, Lombock, Madura, Moluques, Riouad, Sumatra, Sumbawa, Timor (partie occidentale) ; Colonies Portugaises : Timor (partie orientale) ; Etablissement Allemand de la Nouvelle Guinée

ANNEXE 2

Droit proportionnel d'assurance, applicable dans les Colonies ou Etablissements Français aux lettres de valeurs déclarées, expédiées par paquebots français.

DESTINATION DES ENVOIS	Droit à percevoir, par chaque somme de 100 francs ou fraction de 100 francs déclarée
France et Algérie. . . . . Colonies françaises et pays étrangers desservis par des paquebots français de la même ligne que la Colonie d'origine (sans passer par la France) (1). . . . . . Colonie française correspondant avec la Colonie d'origine par la voie de la France) (2).	vingt centimes.
Allemagne (y compris Héligoland). . . . . Autriche-Hongrie. Belgique. . . . . Bulgarie. . . . . Danemark (y compris l'Islande et les îles Feroé. . . . . . Antilles Danoises (3). . . . . Espagne (y compris les Baléares et les Canaries). . . . . Italie. (4). . . . . Grand Duché de Luxembourg. . . . . Norwège. . . . . Pays Bas. . . . . Portugal (y compris Madère et les Açores) (5). . . . . . . Roumanie. . . . . Serbie. . . . . Suède.	trente-cinq centimes.
Suisse. . . . . Turquie. . . . . Egypte (4). . . . . Groenland. . . . . Colonies Portugaises (villes Santiago (cap Vert), San Thomé (San Thomé et Prince) et Loanda (Angola).	quarante-cinq centimes.

(1) De la Guyane pour la Martinique et la Guadeloupe et vice versa ; de la Guadeloupe pour la Martinique et vice versa : de la Guyane, de la Guadeloupe et de la Martinique pour les Antilles Danoises ; lu Sénégal pour le Portugal ; de la Réunion pour la Nouvelle Calédonie, la Cochinchine et Pondichéry et vice versa ; de la Cochinchine pour Pondichéry et la Nouvelle Calédonie et vice versa : de la Nouvelle Calédonie pour Pondichéry et vice versa, de la Réunion, de la Nouvelle Calédonie, de la Cochinchine et de Pondichéry pour l'Egypte et l'Italie.

(2 De la Guyane, de la Guadeloupe, de la Martinique et du Sénégal, pour la Réunion, la Nouvelle Calédonie, la Cochinchine et Pondichéry et vice versa ; de la Guyane, de la Guadeloupe et de la Martinique pour le Sénégal et vice versa.

(3) Moins les envois de la Guyane, de la Guadeloupe et de la Martinique.

(4) Moins les envois de la Réunion, de la Nouvelle Calédonie, de la Cochinchine et de Pondichéry.

(5) Moins les envois du Sénégal.

ANNEXE 3

Tarif des télégrammes viâ Aden et Zanzibar

PAYS	VIA ADEN and Malta	VIA ADEN and Durban	VIA ZANZIBAR and Aden	VIA ZANZIBAR and Durban	VIA DURBAN and Aden	VIA DURBAN and West coast	VIA Mozambique or Delagoa Bay and Aden	VIA Mozambique et Durban	VIA Delagoa Bay and Durban	OBSERVATIONS
	F. C.	F. C.	F. C.	F. C.	F. C.	F. C.	F. C.	F. C.	F. C.	
Madeira	5.20	16.70	10.20	16.70	11.45	10.72	11.50	13	11.75	
Cap de Nord										
Island Saint-Vincent	7.15	15.30	12.15	15.30	13.40	9.32	13.45	11.60	10.35	
Canaries	5.9625	16.8875	10.9625	16.8875	12.2125	10.9125	12.2625	13.1875	11.9375	
Cape Saint Iago	8.275	15.20	13.275	15.20	14.525	9.225	14.575	11.50	10.25	
Sénégal	7.4625	15.425	12.4625	15.42	13.7125	9.45	13.6725	11.725	10.475	
Bathurst	10.80	17.225	15.80	17.22	17.05	11.25	17.10	13.525	12.275	
Bissao	9.8125	17.70	14.8125	17.705	16.0625	11.725	16.1125	14	12.75	
Bolama	9.8125	17.70	14.8125	17.70	16.0625	11.725	16.1125	14	12.75	
Conakry	9.8625	15.70	14.8625	15.70	16.1125	9.725	16.1625	12	10.75	
Sierra Leone	11.80	15.20	16.80	15.20	18.05	9.225	18.10	11.50	10.25	
Accra	13.30	13.70	18.30	13.70	19.55	7.725	19.60	10	8.75	
Gouvernement Station	13.50	13.96	18.50	13.90	19.75	7.925	19.80	10.20	8.95	
Gouvernement Go										
Bassam	10.4625	14.85	15.4625	14.85	16.7125	8.75	16.7625	11.15	9.90	
Porto-Novo (Kolmu)	11.9625	13.45	16.9625	13.45	18.2125	7.475	18.2625	9.75	8.50	
Lagos	14.30	15.20	19.30	15.20	20.55	9.225	20.60	11.50	10.25	
Brass	15.30	15.20	20.30	15.20	21.55	9.225	21.60	11.50	10.25	
Bonnay	15.30	13.70	20.30	13.70	21.55	7.725	21.60	10	8.75	
San Thomé	12.3125	12.70	17.3125	12.70	18.5625	6.725	18.6125	9	7.75	
Principe	12.9825	13.37	17.9825	13.37	19.2325	7.395	19.2825	9.67	8.42	
Gaivan	12.5625	13.45	17.5625	13.45	18.8125	7.475	18.8625	9.75	8.50	
Loanda	14.8125	10.20	19.8125	10.20	21.0625	3.95	21.1125	6.50	5.25	
Benguela	16.4725	10.20	21.4725	10.20	22.7225	3.95	22.7725	6.50	5.25	
Mossamedes	17.5725	10.20	22.5725	10.20	23.8225	3.95	23.8725	6.50	5.25	
Port Nollath	15.025	7.70	20.025	7.70	21.275	1.45	21.325	6.50	2.75	
Brazil Pernam buco	11.20	19.25	16.20	19.25	17.45	13.275	17.50	15.55	14.30	
North of Pernam buco	12.20	20.25	17.20	20.25	18.45	14.275	18.50	16.55	15.30	
Port Southof To Rio	«	«	«	«	«	«	«	«	«	
Port South of Rio	13.20	21.25	18.20	21.25	19.45	15.275	19.50	17.55	16.30	
Argentine Républic	12.45	21.25	17.45	21.25	18.70	15.275	18.75	17.55	16.30	
Paraguay	12.45	21.25	17.45	21.25	18.70	15.275	18.75	17.55	16.30	
Urugay	13.70	21.75	18.70	21.75	19.95	15.775	20	18.05	16.80	
Chili	14.05	23.55	19.75	23.55	21	17.575	21.05	19.85	18.60	

PAYS	VIA ADEN	VIA ZANZIBAR	VIA DURBAN	VIA MOZAMBIQUE A Delagoa-Bay	OBSERVATIONS
	F. C.	F. C.	F. C.	F. C.	
Algéria	4.05	9.05	10.30	10.35	
Austria-Hungary	4.275	9.275	10.525	10.575	
Belgum	4.35	9.85	20.60	10.65	
Bosnia-Herzigovina	4.225	9.225	10.475	10.525	
Bulgaria	4.225	9.225	10.475	10.525	
Dennemarck	4.425	9.425	10.675	10.725	
France	4.275	9.275	10.525	10.575	
Germany	4.35	9.85	10.60	10.65	
Gibraltar	4.225	9.225	10.475	10.525	
Great-Britania	4.50	9.50	10.75	10.80	
Greece Mainland	3.825	8.825	10.075	10.125	
Greece Island					
Héligoland	4.35	9.35	10.60	10.65	
Hollaud	4.425	9.425	10.675	10.725	
Italy	4.05	9.05	10.30	10.35	
Luxemburg	4.325	9.325	10.575	10.625	
Malta	3.90	8.90	10.15	10.20	
Monténégro	4.225	9.225	10.475	10.525	
Norway	4.6125	9.6125	10.8625	10.9125	
Portugal	4.375	9.375	10.625	10.675	
Roumania	4.225	9.225	10.475	10.525	
Russia in Europe	4.65	9.65	10.90	10.95	
Russia Caucasus	4.95	9.95	11.20	11.25	
Russia Asia I Reg	5.775	10.775	12.025	12.075	
Russia Asia II	6.90	11.90	13.15	13.20	
Servia	4.225	9.225	10.475	10.525	
Spain	4.4625	9.4625	10.7125	10.7625	
Sweden	4.5375	9.5375	10.7875	10.8375	
Switzerland	4.125	9.125	10.375	10.425	
Tangiers	4.375	9.375	10.625	10.675	
Tripoli	4.35	9.35	10.60	10.65	
Tripoli Others places	4.50	9.50	10.75	10.80	
Tunis	4.05	9.05	10.30	10.35	

ANNEXE 4

Tarif des colis postaux expédiés de la Réunion.

DESTINATIONS	Transport	Droit de timbre	Taxe de factage à la volonté de l'expéditeur	Total	Nombre de déclarations en Douane	OBSERVATIONS
	F. C.	F. C.	F. C.	F. C.		
France (Marseille)	2 »	0.10	0.25	2.35	1	Voie des paquebots français.
Intérieur de la France	2.50	0.10	0.25	2.85	1	»
Corse et Algérie	2.25	0.10	0.25	2.60	1	»
Intérieur de l'Algérie et la Corse	2.75	0.10	0.25	3.10	1	»
Sénégal	3.50	0.10	»	3.60	1	»
Tunisie	2.50	0.10	»	2.60	1	»
Intérieur de la Tunisie	3 »	0.10	0.25	3.35	1	»
Guadeloupe	4.50	0.10	»	4.60	1	»
Martinique	4.50	0.10	»	4.60	1	»
Guyane française	4.50	0.10	»	4.60	1	»
Pondichéry	2 »	0.10	»	2.10	1	»
Karikal	2 »	0.10	»	2.10	1	»
Cochinchine	3 »	0.10	»	3.10	1	»
Allemagne	3 »	0.10	»	3.10	2	Voie directe par Marseille.
Belgique	3 »	0.10	»	3.10	2	»
Bologne	3 »	0.10	»	3.10	2	»
Suisse	3 »	0.10	»	3.10	1	»
Luxembourg	2.75	0.10	»	2.85	1	»
Pays-Bas	3.50	0.10	»	3.60	1	Voie de Marseille, de Belgique.
Autriche-Hongrie	3 »	0.10	»	3.10	8	Voie de Marseille.
Bulgarie	4.25	0.10	»	4.35	1	»
Monténégro	3.75	0.10	»	3.85	1	»
Roumanie	3.75	0.10	»	3.85	1	»
Serbie	3.75	0.10	»	3.85	1	»
Danemark	3.50	0.10	»	3.60	1	Voie de Marseille et d'Allemagne.
Suède	4.75	0.10	»	4.85	1	»
Norwège	4.50	0.10	»	4.60	1	Voie d'Allemagne et de Suède.
Italie	2.75	0.10	»	2.85	1	Voie de Naples.
Egypte	2.75	0.10	»	2.85	1	Voie de Suez.
Turquie (bureaux français)	2.50	0.10	»	2.60	1	Paquebots français.
Intérieur de la Turquie et autres parts	4.75	0.10	»	4.85	1	Paquebots de Messine.
Caïfa	3.25	0.10	»	3.35	1	Paquebots français.
Portugal	3.75	0.10	»	3.85	1	»
Les Açores	4.65	0.10	»	4.75	1	»
Madère	2.15	0.10	»	2.25	1	»
Nouvelle Calédonie	3 »	0.10	»	3.10	1	»
Sainte-Marie de Madagascar. Mayotte, Nossi-Bé et Diégo-Suarez	0.50	0.10	»	0.60	1	»
Colonies Danoises (Saint Thomas, Saint-Jean et Sainte Croix)	5 »	0.10	»	5.10	1	»
Rivières du Sud	4.50	0.10	»	4.60	1	»
Ile Maurice	1.25	0.10	»	1.85	1	»
Caméroun	5 »	0.10	»	5.10	1	»
Angleterre	4 »	0.10	»	4.10	1	»
Espagne	3.25	0.10	»	3.35	1	»
Mahé (Seychelles)	2 »	0.10	»	2.40	1	»

TABLE DES MATIÈRES

Les numéros correspondent aux numéros des articles

et non à ceux de la pagination.

ANNEXES